ENSAYOS AMERICANOS DE LITURGIA 9

SERIE EDITADA POR EDUARDO FOLEY

EL CATOLICISMO POPULAR

UNA PERSPECTIVA HISPANA

ARTURO PÉREZ

The Pastoral Press
Washington, D.C.

ISBN 0-912405-58-9

225 Sheridan Street, NW
Washington, D.C. 20011
(202) 723-1254

"La Prensa Pastoral", son publicaciones de la división de la Asociación Nacional Pastoral de Músicos. Esta entidad es una organización afiliada de músicos y religiosos dedicada a fomentar el arte de la liturgia musical.

Impreso en los Estados Unidos de Norteamérica

Reconocimientos

El *Plan Nacional de Pastoral para el Ministerio Hispano* utiliza el término *pastoral de conjunto,* queriendo decir que el ministerio hispano es corresponsable y colaborativo. Este trabajo es un pequeño ejemplo de este "conjunto". Estoy agradecido por la colaboración y el consejo de la Hna. Rosa María Icaza CCVI, del Centro Cultural México-Americano de San Antonio, y a la Hna. Ana María Pineda SM, de la Catholic Theological Union de Chicago. Agradezco también profundamente a José López por su traducción. *Un fuerte abrazo de agradecimiento* le extiendo a mi editor, Edward Foley, cuya extraordinaria paciencia, aliento y talento le ganarán seguramente un lugar en el cielo.

A. P.

INDICE

INTRODUCCION

La vida es básicamente sencilla. Es un tiempo de risa y lágrimas, de recuerdos y nuevas experiencias, de encuentros con Dios y con el diablo. La vida es básicamente sencilla. Nuestros abuelos—llamados también antepasados—conocían y conocen esta verdad. Nos la enseñan de muchas maneras diferentes.

Un relato tradicional de la Creación[1]

En el principio, después que Dios hubo creado los magníficos cielos, las nubes maravillosas y el viento, y hubo colocado la bella luna, las estrellas y el sol en su sitio, volvió su atención hacia la tierra. La hizo rica y feliz cuando elevó montañas, excavó valles, labró ríos y lagos, y colocó una multitud de animales, peces y pájaros para que corrieran, nadaran y volaran sobre esta creación y a través de ella. Una vez hecho todo esto se sentó temprano una mañana debajo de una palmera y se sintió bien . . . pero enteramente solo.

Inspirado por su creación, salió lentamente de debajo de la palmera y escarbó en el polvo, moldeando y elaborando una nueva forma de vida. Al terminar la forma, escupió sobre ella y volvió lentamente bajo la palma para esperar a que el sol hiciera su labor. Pero la espera, cuando uno está solo, transcurre muy lentamente. Ansioso por ver su creación, Dios fue a descubrir lo que había hecho. Soplando y quitándose el polvo, se puso de pie un hombre blanco y fresco. Rápidamente comenzó a saltar en torno a sí porque sus sensibles pies hallaban la tierra demasiado caliente. Un Dios perplejo condujo a su danzante amigo hacia la sombra de la palmera.

Después de familiarizarse con su nueva creación, Dios no estuvo completamente complacido con lo que había hecho, y decidió hacer un nuevo intento, de modo que se puso a gatas y de nuevo se ensució las manos en la formación de un nuevo amigo. Pronto estuvo hecho el moldeado y el ensalivado. Por entonces el sol estaba en su apogeo, muy brillante y caliente. Dios retornó a la palmera y a su primer amigo, y pronto estuvieron enfrascados en una conversación agradable. De pronto recordó: "¡Oh! ¡Cómo ha pasado el tiempo!" Corriendo hacia el sitio especial rápidamente sopló el barro y quitó el polvo al hombre derecho, alto y muy negro que apareció ante él. "Maravilloso", pensó Dios, y lo llevó hacia la palmera para ser presentado a su otro compañero.

Por entonces estaban comenzando a soplar las brisas de mediados de la tarde, avisando que la noche no estaba lejos. Dios pensó: "Una vez más". Gatear, moldear y escupir era ahora la pauta, pero esta vez se añadían la paciencia y la atención. Más tiempo que el primero pero menos tiempo que el segundo, eran los pensamientos de esta tarde. De pie frente a este esfuerzo, Dios cuidadosamente quitó el polvo a su amigo que ahora se hallaba ante él: de un glorioso color moreno. "Esto está ¡perfecto!", fue el suspiro satisfecho de Dios. Llevando esta nueva creación de regreso a la palma, y presentándolo a sus compañeros, los cuatro se sentaron entonces debajo de la palma para contemplar la puesta del sol y disfrutar juntos de la noche.

Todos estamos formados y moldeados por nuestras familias, nuestras tradiciones y nuestras historias. Así es como llegamos a conocer la vida desde una determinada perspectiva. Las actitudes y los valores son aprendidos y transmitidos como parte de nuestra herencia cultural. El modo en que vemos el mundo nos permite tomar decisiones acerca de cómo vivir de día en día y más básicamente nos motiva a simplemente levantarnos cada mañana. El relato de la creación citado anteriormente es una perspectiva hispana no sólo acerca de la forma en que comenzó el mundo sino también acerca de por qué nos mantenemos en marcha. **Aprecio** es aquí un concepto clave: aprecio por el mundo que nos fue prestado por un Dios bueno y afable; aprecio por las otras personas, diferentes de nosotros y sin embargo formadas por el mismo barro y la misma mano amorosa de nuestro creador; y aprecio por el lugar que nuestros abuelos y antepasados tienen en nuestras familias por su sabiduría vivificante.

El aprecio se extiende claramente a las tradiciones tanto religiosas como culturales. Juntas modelan la forma en que vivimos, en que compartimos una comida con nuestra familia o en que llevamos a un ser querido a su descanso final. Es esta perspectiva la que traemos a nuestra fe: un punto de vista ensanchador que nos asegura que la oración no exige un edificio especial. La Iglesia como pueblo de Dios, como seguidores bautizados de Jesús, no necesita estar confinada dentro de cuatro paredes para rendir culto. La oración brota del corazón dondequiera y en todo lugar. Las cuatro paredes de una iglesia consagrada son buenas: tan buenas como las cuatro paredes consagradas por la vida familiar y que llamamos hogar, donde la oración también es formada y moldeada. Es dentro de esta perspectiva que florece la Iglesia Hispana. Aquí comprendemos que la vida parroquial y la vida hogareña, la oración oficial y la oración en el hogar, la liturgia y la religiosidad popular no están opuestas; sino que más bien forman una unidad de culto y de alabanza.

Sin duda, esto está de acuerdo con la antigua tradición de la Iglesia. El Cristianismo, en su culto y en su predicación, fue desde el principio inclusivo, flexible y adaptable. En estos términos observa Chupungco:

> ...la adaptación a las diversas culturas ha sido una característica constante de la liturgia cristiana. En efecto, forma parte integrante de su tradición. Los apóstoles lo hicieron, así como los Padres de la Iglesia y sus pastores hasta bien entrada la Edad Media. La adaptación de la liturgia al genio nativo y a la tradición más diversa no es una novedad sino fidelidad a la tradición.[2]

La Constitución sobre la Sagrada Liturgia, la gran declaración litúrgica del Vaticano II, apoya esta presunción de adaptación cuando observa que "la Iglesia no pretende imponer una rígida uniformidad en aquello que no afecta a la fe o al bien de toda la comunidad. Por el contrario, respeta y promueve el genio y las cualidades peculiares de las distintas razas y pueblos" (#37). Esto es incuestionablemente reminiscente de un tiempo anterior marcado por la inclusividad, la flexibilidad y la adaptabilidad.

Las conferencias episcopales latinoamericanas de Medellín, Colombia (1968) y de Puebla, México (1979) armonizan con La Constitución sobre la Sagrada Liturgia cuando piden la encarnación del "verdadero y auténtico espíritu de la liturgia en la realidad latinoamericana." En el documento *Pastoral de Masas* de la conferencia de Medellín oímos:

> Sin quebrar la caña machacada ni extinguir el lino humeante, la Iglesia acepta con alegría y respeto, purifica e incorpora a su depósito de fe los diversos 'elementos religiosos y humanos' ocultos en este sentido religioso como 'semillas de la Palabra' sabiendo que constituyen o podrían constituir una preparación para la evangelización. (#5)

Once años más tarde, la conferencia de Puebla continuó y desarrolló aún más este orden de pensamiento en el documento *La Evangelización en el Presente y en el Futuro de América Latina:*

> La oración particular y la piedad popular, presentes en el alma de nuestro pueblo, constituyen valores de evangelización; la Liturgia es el momento privilegiado de Comunión y Participación para una Evangelización que conduce a la liberación cristiana integral, auténtica. (#895)

Estas conferencias fueron enteramente realistas en su enfoque y reflejaron una madurez de juicio que les permitió reconocer los elementos positivos de la religiosidad popular. Sin embargo, al mismo tiempo estos documentos advierten claramente contra aquellas tendencias sincretistas y supersticiosas que inhibirían el desarrollo de la comunidad hispana y tenderían a aislarla de la Iglesia más amplia.

El Papa Pablo VI expresó de un modo similar inquietud y cautela por lo que llama "piedad popular" en su exhortación apostólica sobre *La Evangelización del Mundo Contemporáneo.* Sus palabras bien merecen recordarse:

> La religiosidad popular, hay que confesarlo, tiene ciertamente sus límites. Está expuesta frecuentemente a muchas deformaciones de la religión, es decir, a las supersticiones. Se queda frecuentemente a un nivel de manifestaciones culturales, sin llegar a una verdadera adhesión de fe. Puede incluso conducir a

la formación de sectas y poner en peligro la verdadera comunidad eclesial.

Pero cuando está bien orientada, sobre todo mediante una pedagogía de evangelización, contiene muchos valores. Refleja una sed de Dios que solamente los pobres y sencillos pueden conocer. Hace capaz de generosidad y sacrificio hasta el heroísmo, cuando se trata de manifestar la fe. Comporta un hondo sentido de los atributos profundos de Dios . . . (y) engendra actitudes interiores que raramente pueden observarse en el mismo grado en otros.(#48)

Pocos han resumido tan elocuente o sucintamente las fuerzas y debilidades potenciales de la religiosidad popular. Así estas palabras no deben nunca de cesar de alentarnos y prevenirnos en el trabajo pastoral que tenemos por delante.

Desde este lado del relato de la creación, el aprecio se convierte en un acto sencillo mediante el cual expresamos nuestra gratitud por lo que se nos ha dado. Siendo méxico-americano, el autor reconoce cierta parcialidad por las tradiciones de México, no por preferirlas sino más bien por estar más familiarizado con ellas. Sin embargo, el haber servido a la comunidad puertorriqueña durante muchos años y el estar asociado con otros grupos hispanos, me han permitido crecer en mi aprecio de la riqueza en diversidad que caracteriza a la comunidad hispana. Semejante aprecio nos hace avanzar el uno hacia el otro, nos permite reconocer la misma mano creadora en la cultura de los demás, y nos habilita para establecer vínculos de afecto y de paz. Así tenemos el privilegio de ver nuestra vida de un modo nuevo: como parte de una única y magnífica creación.

DEFINICION Y ORIGEN DE LA RELIGIOSIDAD POPULAR

Comentarios en la puerta de la rectoría

"No hacemos esas cosas aquí; sólo bautizamos al bebé."

"Costumbres como esa son supersticiosas y debieran ser eliminadas."

"¡Cuándo esta gente aprenderá que está en Norteamérica y que deben seguir las costumbres norteamericanas!"

"Su parroquia es Nuestra Señora de Guadalupe. ¡Vayan allí, que ellos entenderán lo que ustedes quieren!"

Durante muchísimo tiempo, las costumbres de la religiosidad popular han sido mal comprendidas, denigradas e incluso prohibidas en la corriente principal de la vida eclesial. Estos *actos religiosos* no están registrados en los libros ni son delineados en las teorías bien aceptadas, pero han perdurado en la vida del pueblo. Sin embargo, son tratados a menudo como actos paganos de personas primitivas e ignorantes. Así se han convertido en otro obstáculo para la comunicación entre un grupo y otro, provocando temor de lo desconocido y a veces fomentando actitudes de prejuicio y discriminación.

Dentro de la comunidad hispana surgen sentimientos de rechazo, de desconcierto, de desilusión y de enojo. Quizás pudieron haber sido tomadas a pecho por nuestra gente suficientes experiencias como éstas y el implícito mensaje de que "se fueran", pero tal no fue el caso. La comunidad hispana enfrentada a unas puertas cerradas de la Iglesia, no dejó la Iglesia. Sin embargo, continuaron siendo alimentados por sus costumbres religiosas populares que fomentaron unas relaciones con el Dios que conocían y amaban.

Como la Iglesia está viniendo a darse cuenta, tales actos religiosos, tan profundamente enraizados en la cultura, no pueden ser ignorados ni suprimidos sin infligir un serio daño a toda la conciencia religiosa de un pueblo. La religiosidad popular no es una manía ni algo extraño a un pueblo, sino, como la define la conferencia de Puebla:

> Por religión del pueblo, religiosad popular o piedad popular, entendemos el conjunto de hondas creencias enraizadas en Dios, las actitudes básicas que de esas convicciones derivan y las expresiones que las manifiestan. Se trata de la forma de la existencia cultural que la religión adopta en un pueblo determinado. La religión del pueblo latinoamericano, en su forma cultural mas característica, es expresión de la fe católica. Es un catolicismo popular. (#444)

Los modelos y las manifestaciones de tal "catolicismo popular" varían de pueblo a pueblo. En la comunidad latinoamericana,

> las manifestaciones . . . son muy diversas, de carácter comunitario e individual; entre ellas se encuentra: el culto a Cristo paciente y muerto, la devoción al Sagrado Corazón, diversas devociones a la Santísima Virgen María, el culto a los Santos y a los difuntos, las procesiones, los novenarios, las fiestas patronales, las peregrinaciones a santuarios, los sacramentales, las promesas, etc. (#912)

A la vez que reconoce los aspectos positivos de estas costumbres, la Iglesia, sin embargo, también ha reconocido vivamente que hay dificultades potenciales con la religiosidad popular:

> La piedad popular presenta aspectos positivos como: Sentido de lo sagrado y trascendente; disponibilidad a la Palabra de Dios; marcada piedad mariana; capacidad para rezar; sentido de amistad, caridad y unión familiar; capacidad de sufrir y reparar; resignación cristiana en situaciones irremediables; desprendimiento de lo material. (#913)
>
> Pero también presenta aspectos negativos: falta de sentido de partenencia a la Iglesia; desvinculación entre fe y vida; el hecho de que no conduce a la recepción de los sacramentos; valoración

> exagerada del culto a los santos con detrimiento del conocimiento de Jesucristo y su misterio; idea deformada de Dios; concepto utilitario de ciertas formas de piedad; inclinación, en algunos lugares, al sincretismo religioso; infiltración del espiritismo y en algunos casos, de prácticas religiosas del Oriente. (#914)

Esta mezcla de tendencias positivas y negativas es más comprensible cuando uno considera la evolución histórica de estas costumbres. La conquista de México y de toda la América Latina es una historia de política y de religión, de la cruz y la corona. Recuentos de testigos presenciales describen a los mártires indios muriendo fieles a sus creencias tradicionales para no ser bautizados en la idolatría de los *conquistadores.* Los misioneros de este período desempeñaron un papel significativo en la historia de la religiosidad popular. Contrariamente a la creencia política popular de ese tiempo, muchos misioneros creían que los indios eran seres humanos que tenían derechos y merecían respeto. Dentro de esta perspectiva, los misioneros concibieron un proceso de evangelización específico.

La conversión de México, por ejemplo, fue confiada a tres órdenes mendicantes: los franciscanos, los dominicos y los agustinos. Muchos de estos misioneros, enfrentados a las creencias, los rituales y las fiestas aztecas, tomaron estos elementos culturales como punto de partida para la evangelización. Como ha demostrado Enrique Dussel, una especie de protocatecumenado fue improvisado por estos misioneros, que en algunos casos incorporaron costumbres aztecas en el proceso de conversión. En estos casos, el mensaje del Evangelio era expresado en términos indios, lo que permitía a los neófitos comprender la enseñanza desde su propia perspectiva cultural. La espiritualidad de los mendicantes mezclada con la espiritualidad de los indios, expresada en formas religiosas indias, se convirtió en un enfoque que muchos misioneros empleaban para la predicación del Evangelio.

En este contexto los misioneros también desarrollaron un proceso para el bautismo que estaba caracterizado por cinco pasos: 1) proclamación del Evangelio, 2) un breve período de catequesis, 3) el bautismo, y 4) más catequesis, 5) junto con la vivencia del nuevo modo cristiano de vida. Tenemos evidencia de que ciertos reformadores del siglo XVI como los dominicos

Bartolomé de las Casas y Antonio Montesino, así como el Obispo Vasco de Quiroga de Michoacán, empleaban un proceso semejante en su labor entre los indios.[3] Como es evidente por la labor de estos misioneros particulares, el Cristianismo no fue siempre impuesto como un sistema de creencias aislado, sino que en algunos ejemplos notables fue concebido como un modo de vida que brotaba de dos grandes culturas: una cristiana, la otra india. Es cierto que el enfoque ministerial de Las Casas, Montesino y de Quiroga fue un experimento limitado, y no siempre plenamente apreciado por muchos de sus contemporáneos. Sin embargo, el hecho mismo de que semejante enfoque fuera siquiera intentado, es importante que lo reconozcamos.

Al bautizar de este modo a los indios, estos misioneros esperaban formar pequeñas comunidades cristianas en las que la gente viviera de acuerdo con el "nuevo modo". Se suponía que tomaría tiempo el que la experiencia bautismal fuera integrada en la cultura india, y consecuentemente se permitiera que muchos de los "viejos modos" coexistieran con los nuevos. Desafortunadamente, por razones políticas y económicas no se permitió que continuara este experimento. Como estas nuevas comunidades no estaban produciendo ingresos para la corona, esta noble iniciativa fue detenida y el proceso de incorporación interrumpido después del bautismo. La catequesis posterior y la formación de la comunidad fue confinada a los rituales obligatorios de la Iglesia institucional. Condicionados a adaptarse a los requerimientos de sus conquistadores, los indios mantienen su fe cristiana, mientras secretamente continúan con sus creencias tradicionales. Pero esta vez, mezcladas con sus creencias tradicionales estaban las semillas de la fe cristiana y los tesoros del Evangelio.

Los pasados cuatrocientos años han atestiguado lentamente la fructificación de estas semillas y la apertura de estos tesoros. Hay un creciente aprecio por todo lo que se nos ha dado. Parecería así que el último paso, imaginado por los misioneros, está finalmente llegando a darse: la luz del Evangelio está ahora restaurando, purificando e integrando las costumbres religiosas populares en la vida cristiana hispana a través de su culto.

EL VALOR DE LA RELIGIOSIDAD POPULAR

Los adolescentes hispanos viven en dos mundos. Uno es el mundo de la radio, la comida, la música, el vestuario, las relaciones familiares y las creencias religiosas hispanas que ellos llaman hogar. Sin embargo, tan pronto como salen de esta morada familiar, aun cuando puedan estar viviendo en un barrio, se convierten en parte de otro mundo "en inglés", con sus propios ritmos bailables, sus propias maneras de hablar, sus propios amigos procedentes de una variedad de antecedentes raciales y étnicos, y ciertamente con sus propios modos más críticos de creer en Dios. Esta realidad bicultural está bien ejemplificada en aquellas ocasiones en que encontramos a los padres hablando a sus hijos en español y a los hijos respondiendo en inglés. Los dos mundos a veces coexisten pacíficamente, pero a veces sobreviven conjuntamente de una manera tensa.

En la mente de muchos de los jóvenes, las costumbres de la religiosidad popular pertenecen a los viejos modos de sus padres, y tienen que ser olvidadas y reemplazadas. Como en otras comunidades, los adolescentes hispanos a menudo se encuentran en la periferia de la vida religiosa. Es su costumbre el permanecer a las entradas de la iglesia el domingo por la mañana "revisando": por lo general los unos a los otros. Su lugar en el vestíbulo es realmente bastante simbólico del sitio en que se encuentran con respecto a la iglesia y el hogar en este momento de su vida.

Sin embargo, cuando llega el momento y estos jóvenes hispanos se enfrentan a importantes decisiones en la vida, súbitamente los "viejos modos" a menudo son aceptados nuevamente como si nunca hubieran sido desechados. Los matrimonios, los bautismos, las primeras comuniones deben ser celebrados con todas las costumbres populares de la religiosidad hispana para que todo esté bien. Así dos mundos se unen y de nuevo se convierten en uno.

Nuestros adolescentes encaran hoy la perenne lucha por la identidad y el amor propio mientras crecen hacia la condición de jóvenes adultos. Esta lucha es, sin embargo, cada vez más complicada por las tendencias individualistas que nos caracterizan como nación. Un extremo de nuestra sociedad se está convirtiendo en un pueblo de pocas y cada vez menos interacciones personales: donde las grabadoras hogareñas de video reemplazan a la experiencia de un cinematógrafo; las compras por televisión mediante tarjetas de crédito eliminan el jaleo de codearse con otro ser humano en una atestada línea en la caja; y los avances en la tecnología de computadoras nos permiten telefonear a máquinas en lugar de a personas en busca de información o servicios. Sin embargo, a pesar de tales "adelantos", permanece la necesidad muy real del tipo de encuentros humanos que lenta y pacientemente dan origen a auténticas relaciones "yo-tú". El compartir el corazón humano no es una experiencia de comidas rápidas, sino una que requiere candeleros y música. La lucha por la identidad personal y el amor propio que los adolescentes encaran por primera vez, y con la que el resto de nosotros tiene que lidiar a través de la vida, es una jornada del corazón que exige una respuesta sincera. El culto que refleja el corazón de un pueblo, iluminando sus dones a la vez que reconoce sus límites, nos conforta y nos alienta en esta jornada hacia la afirmación divina.

Aquí comenzamos a ver, al menos de un modo preliminar, la importancia de la religiosidad popular. En gran medida, la religiosidad popular responde al lado afectivo de la religión, y va al mismo corazón del individuo y de la comunidad. Es por esta razón que las costumbres y prácticas religiosas populares han perdurado por unos cuatrocientos años en la comunidad hispana y han sido transplantadas en nuevas tierras y culturas. Parecen dar a nuestra vida una cierta consistencia y mantenernos en un curso estable. Son los símbolos vivos que nos conmueven profundamente. Por tanto, lo que ha sido transplantado de allende la frontera en este acto de culto no es periférico sino que es el mismo corazón de nuestro pueblo, y tratamos de ofrecer este acto sincero de culto a los demás.

Implícito en este enfoque hay un desafío a los valores y tendencias individualistas de nuestra sociedad. El Obispo Ricardo Ramírez de Las Cruces, Nuevo México, llama a esto el "rol profético" del culto hispano, en el cual las costumbres de la cultura dominante son cuestionadas, las prioridades dadas son re-evaluadas y los absolutos son redefinidos. El culto es el acto que pone de relieve los criterios para evaluar las influencias de la sociedad, y que proporciona a nuestro pueblo la base para incorporar otros valores a nuestra vida.

El potencial del culto para desafiar los valores contemporáneos está implícito en el *Plan Nacional de Pastoral para el Ministerio Hispano* que reconoce, por ejemplo, que el rechazo del individualismo es un paso importante en la evolución de una espiritualidad hispana contemporánea:

> El proceso del III *Encuentro* fue un paso más en el desarrollo y crecimiento de su espiritualidad (hispana). Muchos participantes parecían haberse movido de una espiritualidad personal y de familia hacia una espiritualidad que es comunitaria y eclesial. Se movieron de un sentido de injusticias personales y familiares a un reconocimiento de la injusticia general para todos los pueblos. Este crecimiento fue detectado también en su conciencia y experiencia de estar en la Iglesia, en su familiaridad con los documentos eclesiales, en su activa participación en las liturgias y en la oración. (#98)

Tal crecimiento en una espiritualidad eclesial y en un sentido comunitario de justicia está indudablemente relacionado con un estilo de culto que define y valora al individuo primordialmente en términos de comunidad.

Somos un pueblo mestizo que encarna las fortalezas y debilidades de las culturas española e india. A través de esta mezcla de sangre, las prácticas de fe de ambas se han entretejido. Sin embargo el centro de nuestra vida todavía gira en torno a la creencia india en el Espíritu. Nuestros antepasados indios creían que había cinco grandes elementos que constituían el mundo: la tierra, el aire, el viento, el fuego y el espíritu que une toda la vida. No hay, en consecuencia, una vida individual sino una única vida en la cual todas las cosas vivas participan y luchan para vivir en armonía. Este único Espíritu nos reúne en comunidad. Y es este Espíritu el que está en el centro de la religiosidad popular para la comunidad hispana.

Es este Espíritu, ahora bautizado, el que toca los corazones de las personas y las compromete a vivir en armonía con Dios. Dios se convierte en "Diosito", un Dios del hogar. Dios se convierte en "el Niño Dios" de la Navidad, necesitado de abrigo y protección; y como adulto se convierte en el Señor del sufrimiento, torturado y crucificado, que pide muestra compasión. Dios se refleja en María: la madre, la mujer dolorosa y la buena vecina. Dios es revelado también en la vida de los santos, que son nuestros compañeros constantes y nuestra familia. Dios entreteje este Espíritu en torno a nosotros de mil maneras íntimas y amorosas.

Tocar el corazón de un pueblo quiere decir tocar su espiritualidad de un modo tangible y visible. Quiere decir llevar a Dios, en celebración, toda la felicidad y todo dolor, todas las risas y todas las lágrimas, todo gozo y toda tristeza. A veces tal expresión puede ser mal interpretada como exceso emocional, como extravagancia financiera o como un intento de autoengrandecimiento. Sin embargo estos aparentes excesos son intentos por expresar los extremos en la experiencia de la vida: tanto lo trágico como lo extático. Articulan un resonante "sí" a todo lo que es y a todo lo que puede ser. Algunos han llamado a esto el "enfoque de fiesta" de la religiosidad popular: fiesta no en el sentido minimalista de reunión divertida sino más bien el sentido de unión de todas las experiencias de la vida en el abrazo del momento, ya sea estén llenas de risas o sea que muevan a las lágrimas.

¿No puede decirse que éste es el verdadero misterio pascual: el vivir, el morir y el resucitar de Jesús cuando vive, muere y resucita en este pueblo? ¿No puede decirse que éste es el verdadero Espíritu de Dios liberado dentro de este pueblo? ¿No puede decirse que esto es traer viva la verdadera fe del pueblo en este tiempo y en este lugar?

Las semillas de la fe cristiana presentes en nuestro pueblo fueron nutridas hace unos cuatrocientos años a través de un proceso de evangelización que es ahora cuando está llegando a su culminación. Y así como estas semillas llegan a su culminación y florecimiento, así germinan en esperanza para el futuro. Mucha de esta esperanza va a encontrarse en la nueva apropiación y el nuevo aprecio de los símbolos tradicionales de nuestro pueblo. No es necesario crear siempre nuevos símbolos o nuevos rituales. A veces la esperanza se revive a través de los rituales y símbolos que existen ya, y que nos ponen en contacto con el Espíritu del mundo y el Espíritu de Jesús, vivos en su pueblo. Tales rituales y símbolos, aunque adaptados en su migración a través del tiempo y del espacio, reaparecen, no obstante, de una generación a la siguiente, y continúan tocando el corazón de nuestro pueblo.

CARACTERISTICAS DEL CULTO HISPANO

El padrino se despertó un poco más temprano que de costumbre ese sábado por la mañana. Hoy era el día. Mientras estaba acostado, su mente vagaba en torno a la invitación a cenar que había recibido varios meses antes por parte de José y María. Se había preguntado por qué insistían tanto en reunirse para cenar, y por qué estaban tan excitados cuando llegó la noche. En el curso de la comida pronto se aclaró la razón. "Cuando el bebé nazca, queremos que tú seas *el padrino* y nuestro *compadre.*" No ero tanto un pedido como una expectativa que brotaba de la larga amistad que los tres habían compartido. "¡Pero se trata del primero! ¿No creen que deberían preguntarle a algún miembro de su familia?" "No", insistieron, "¡esto es lo que ambos queremos!" Así terminó la discusión. Y la mañana había llegado al fin. Hoy sería bautizado el bebé.

Este sería un acontecimiento para todo el día. Los parientes, viajando desde lugares tan lejanos como California, habían estado llegando durante varios días. El bautizo estaba planeado para las 11:00 a.m., pero ese fue sólo el comienzo. La comida todavía tenía que ser cocinada y preparada por los diversos amigos y vecinos que se habían ofrecido para ayudar. Se esperaba que todos ayudaran a decorar el salón. María había dado *al padrino* encargos especiales, que incluían recoger la torta y las carnes especiales en la pastelería del barrio. "Es hora de ponerse en movimiento", pensó *el padrino* mientras salía de la cama.

El culto hispano celebra la vida y está centrado en torno a los sacramentos. Desde la perspectiva de la religiosidad popular, estos acontecimientos sacramentales ayudan a enfocar el verdadero significado de la vida que se está celebrando. Los cuatro acontecimientos sacramentales principales en la vida de la comunidad hispana son el bautismo, la primera comunión, el matrimonio y ese complejo de ritos que acompaña la muerte de un individuo, a veces mencionado como "el sacramento de la muerte y la resurrección".

En cuanto a los otros sacramentos, la confirmación es celebrada por muchas familias hispanas cuando el niño es todavía muy joven—quizás de dos o tres años de edad—y no es una ocasión importante de celebración. Esta práctica, sin embargo, está ciertamente cambiando al enfrentarse los padres a la costumbre en los Estados Unidos de confirmar sólo a los adolescentes. La penitencia todavía sigue siendo un momento privado, y es por lo general experimentada como un paso preparatorio para recibir algún otro sacramento. Las Ordenes Sagradas—debido, en parte, a la falta de modelos del rol hispano—todavía no han influido en la mayoría de nuestras familias, aunque se están sembrando aquí las semillas del cambio con cada nueva ola de ordenaciones de diáconos permanentes hispanos y el incremento en los esfuerzos vocacionales hispanos.

Puede ser, sin embargo, el relato bautismal que se acaba de hacer lo que constituye la experiencia más típica en la comunidad hispana de hoy. Además, un relato semejante muestra bien las características claves del culto hispano. Aunque hay diversas maneras en que pudieran enumerarse estas características, es posible considerarlas bajo los seis títulos siguientes:

El culto hispano es **familiar.** Como ilustra nuestro relato bautismal, el culto es una ocasión para reunirse la familia inmediata y la ampliada de los *compadres.* En ocasiones especiales, como los bautizos o los matrimonios, la molestia y el gasto del viaje son secundarios en relación con la reunión de la familia. Sin embargo, no es solamente en estas ocasiones especiales que en la comunidad hispana la familia se reúne para el culto, pues el culto dominical es también una oportunidad para tal reunión. Cada domingo del año la iglesia es transformada por la comunidad reunida que toma posesión del edificio. El nivel de ruidos aumenta notablemente cuando se intercambian *saludos* y *abrazos* entre los *compadres,* los viejos amigos y los recién llegados. Los niños hacen de las naves de la iglesia su hogar mientras buscan la manera de ser entretenidos y cuidados. Los abuelos enseñan a sus nietos cómo hacer la señal de la cruz, cómo se unen las manos y cómo se dicen las oraciones. Esta es la familia como la primera escuela de la fe y la piedra angular del culto hispano.

El culto hispano presupone un rol central para las **mujeres.** Son especialmente las mujeres de la comunidad las que son las transmisoras tradicionales de la fe mediante su ejemplo, su enseñanza y su devoción. Influenciadas adicionalmente por el liderazgo seglar y por los movimientos feministas en Estados Unidos, las mujeres hispanas se están haciendo aún más visibles en el liderazgo ministerial. Donde antes eran catequiatas, son ahora directoras de educación religiosa; donde antes eran sacristanas, hoy son lectoras y ministras de la comunión; donde antes eran vecinas que ayudaban, hoy son ministras de los enfermos y de los confinados a sus moradas. Las mujeres hispanas son las que conocen "el método correcto" de orar por los difuntos, de celebrar *posadas* y de organizar los días de fiesta. Son las recién descubiertas asistentes de pastoral, líderes de los equipos litúrgicos y directoras del ministerio social. Y es su vínculo con la tradición y su visión de futuro lo que está permitiendo que de los viejos caminos de la fe estén surgiendo otros nuevos.

El culto hispano es el culto de los **jóvenes.** Sociológicamente, los hispanos son hoy uno de los grupos étnicos más jóvenes de los Estados Unidos. En un reciente informe de base, preparado para la visita del Papa Juan Pablo II en 1987 a los Estados Unidos, se reportó que la edad media de la población no hispana en los Estados Unidos es de 31.9 años, mientras que la edad media de la población hispana es de 25.1 años. Sin embargo, atender al elemento de juventud en nuestras comunidades no significa necesariamente recurrir a un culto enfocado para jovencitos o adolescentes. Más bien tenemos que reconocer el gran número de padres que se convierten en abuelos a la edad de los cuarenta y en bisabuelos a los sesenta. Estas personas relativamente jóvenes y con vitalidad se convierten en los "prudentes" de la parroquia, que tienen la responsabilidad de educar a las generaciones más jóvenes en los caminos de nuestra fe. Por esto son reverenciados y estimados por nuestra comunidad. En cuanto al gran número de niños, adolescentes y adultos jóvenes en nuestras comunidades, su energía y entusiasmo es siempre una gran promesa y un desafío para nuestro culto. Deben hacerse esfuerzos conscientes para invitarlos a una participación plena, consciente y activa en nuestro culto y en toda la vida de la Iglesia. Pastoralmente esto sugiere que nuestro culto debe ser atractivo y contemporáneo sin ser novelero ni artificial.

El culto hispano está caracterizado por una fuerte devoción a **María.** Aunque tiene títulos distintos en países diferentes, se la presenta con la vestimenta de las diversas regiones y nacionalidades, y se la honra con inumerables fiestas y días especiales de devoción, ella es sin embargo para nosotros la misma mujer. María es tan identificable debido a que su vida está muy cercana a la nuestra. Es pobre y da a luz a su hijo en un establo. Está preocupada y ansiosa cuando su hijo se pierde durante un viaje. Es la compañera y la seguidora de Jesús durante su ministerio público. Es la viuda y la madre dolorosa necesitada de consuelo y alivio. Es la mujer fiel que ora constantemente. Como todos los santos, pero más que cualquier otro, es nuestra vecina y amiga: atenta a nuestras preocupaciones y frustraciones, apoyándonos con su gentileza y cuidado, abriéndonos sus manos y su corazón en la oración.

El culto hispano es **musical.** Como la música impregna todas las experiencias de la vida en la comunidad hispana, es natural que en nuestro culto la música deba servir también para entretejerse con nuestra oración en un canto unificado de alabanza. Entre nuestros antepasados, la música fue un vehículo para expresar la verdad. La liturgia musical es para nosotros una proclamación de la verdad del Evangelio en ritmo, melodía y texto que lleva la comunidad a la vida. Aunque este fenómeno es universal en todas las iglesias hispanas, la experiencia musical de los Estados Unidos es muy diferente de la de los países latinos o caribeños. Aquí la guitarra y los instrumentos de percusión han llegado a dominar, y ha habido un movimiento definitivo que se ha apartado de la dominación del órgano en nuestro culto. Además, en los Estados Unidos más que en ningún otro sitio, las melodías reminiscentes de las fiestas hogareñas ahora resuenan en todas nuestras iglesias. El pueblo hispano quiere cantar y responde de buena gana al tipo de liderazgo musical que lo invita a la celebración.

El culto hispano es una **experiencia encarnada.** Vivimos en lugares estrechos en nuestros vecindarios y en nuestros hogares. Las casas apretujadas unas con otras, los edificios de apartamentos desbordados de residentes, y varias familias compartiendo abarrotadas viviendas no son experiencias desacostumbradas para nosotros. El culto, al igual que la vida, significa, por tanto, rozarnos hombro con hombro de la misma manera que en el hogar. Esto quiere decir no solamente ser tocado en el hogar y durante las oraciones, sino que también quiere decir estar físicamente presentes los unos a los otros. Quiere decir más bien un *abrazo* que un apretón de manos; tener cuidado de los hijos de todos en la Iglesia como si fueran los propios hijos y estar en pleno contacto con los símbolos de vida de manera que el alimento, la bebida, el lavatorio y la unción sean saboreados a plenitud, y sean más sentidos que vistos. Quiere decir que nuestras celebraciones están llenas de flores y.velas, de colores e incienso, de movimiento y textura y luz. Quiere decir la estrecha proximidad de los ministros a la comunidad y de la comunidad a la comunidad. Quiere decir, por tanto, la capacidad para ser tocado y la libertad para tocar a otro ser humano en presencia de lo sagrado.

Todas estas características apuntan hacia un hecho simple acerca de la vida litúrgica hispana: la liturgia hispana está centrada en las personas más bien que centrada en el ritual. Es la reunión de la comunidad en el canto y en la celebración más que la adecuada ejecución de las rúbricas lo que está en el centro de nuestra oración pública. La liturgia es para nosotros no la adecuada lectura de un libro sino un movimiento del corazón de la comunidad, que busca expresarse con una voz y con una oración viva.

LA INTEGRACION DE LOS RITUALES HISPANOS Y DE LA LITURGIA ROMANA: EJEMPLOS SELECTOS

"Usted comienza donde están las personas", decía el anciano sacerdote a su auxiliar recién ordenado. "Ya usted debiera saber esto", regañó suavemente. El recién llegado ministerial estaba verdaderamente desconcertado de que su juvenil entusiasmo hubiera sido tan ciego. Solamente había querido actualizar la Misa de primera comunión cuando sugirió la eliminación de los *padrinos* extras, las velas y los brazales que sólo complicaban la liturgia. Al hacerlo, sin embargo, no había tenido en cuenta los sentimientos del pueblo, transformando una reunión más bien tranquila en una confrontacion de último minuto entre él, los padres y los miembros del equipo de pastoral. "Usted comienza donde están las personas", quedaría grabado en su memoria para siempre. El anciano, a su vez, sonreía para sí recordando *su* primera experiencia con la "regla de oro" mientras se apresuraba a contestar el teléfono.

Comenzar donde personas están y no donde queremos que estén es un "mandamiento" importante para cualquiera que se dedique a la pastoral, y una parte esencial del proceso de evangelización. Sin embargo, más que una regla ese conocimiento se traduce en un estilo de ministerio que busca en primer lugar experimentar el modo en que viven las personas. En lo que a la oración concierne, significa comenzar por esperar, observar y vivir la experiencia de la oración de los demás. Al hacerlo, la propia oración del ministro se convierte en fuente de reflexión: las experiencias pasadas de oración comunitaria y personal así como las invitaciones a orar de maneras nuevas pueden ser apreciadas más profundamente. Con el tiempo convergerán el liderazgo ministerial, la expresión comunitaria y la apreciación personal, dando origen a formas de oración que estén enriquecidas a causa de tal convergencia.

El genio del rito romano es tradicionalmente expresado en términos de su simplicidad, su claridad y su brevedad. Estas características eran especialmente aparentes cuando el rito era celebrado exactamente igual en todo el mundo. Sin embargo, ya que la Constitución sobre la Sagrada Liturgia nos ha llamado no solamente a adaptar algunos aspectos externos del rito sino a esforzarnos por inculturar verdaderamente el culto en las diversas culturas del mundo, es posible que tengamos que repensar la naturaleza del genio de este rito. Quizás en el momento presente la liturgia romana es mejor comprendida como una especie de esqueleto que es reconocido como ser humano, pero un innominado ser humano sin una identidad específica. No es hasta que toma la carne y la sangre de una cultura viva que este rito cobra vida y nos llama efectivamente a la vida en Cristo.

Que este esqueleto se cubra de la carne de la cultura hispana quiere decir, por tanto, celebrar en español pero también quiere decir mucho más que sólo un acto de traducción. Aunque es innegable que el idioma es una de las más importantes expresiones y vehículos de una cultura, es también evidente que el idioma es sólo uno de tales elementos. El español solo, por tanto, no puede transformar una celebración genérica y universal en un culto hispano. En cambio, es sólo tomando el repertorio completo de los símbolos religiosos y culturales—que significa integrar los rituales de la religiosidad popular en las formas oficiales del culto—que surgirá el verdadero culto hispano. Es tal integración la que confiamos representar aquí con unos cuantos ejemplos selectos.

Posadas

La *posada* es una costumbre de Navidad de las comunidades mexicana y méxico-americana que vuelve a representar la búsqueda de una *posada* por parte de José y María antes del nacimiento de Jesús. Esta representación ritual se efectúa tradicionalmente al aire libre como parte de una novena que sirve de preparación para la Navidad. La *posada* consiste específicamente en himnos especiales que son cantados en diálogo entre dos grupos de personas: uno exterior representando a

José y a María y otro grupo interior que representa a los posaderos. El alojamiento es negado a los peregrinos varias veces hasta que, al fin, son alegremente invitados al hogar. Una vez dentro, la comunidad reunida reza el rosario, la letanía y se cantan más himnos. La noche concluye por lo general con alimentos especiales, refrescos y quizás una *piñata* para los niños.

Las *posadas* son representaciones especiales que encarnan un relato evangélico. Son una oración vivida que jóvenes y viejos comparten juntos. En algunos lugares, a causa de un clima frío que prohíbe una celebración al aire libre, la Iglesia se convierte en el hogar para la comunidad. En esta adaptación, las diversas puertas del vestíbulo se convierten en las *posadas,* y los diversos papeles son asumidos por diferentes miembros de la familia parroquial. Las oraciones en esta noche son dirigidas por los *rezadores,* o sea aquellos miembros de la comunidad que se saben de memoria los himnos y las oraciones especiales. Es posible aumentar el ritual con pasajes cortos del Evangelio, y quizás una breve reflexión por parte de un catequista, un diácono o un sacerdote. El hacerlo ayuda a transformar este recuento tradicional de un relato religioso arcaico en una revelación de la presencia del Espíritu entre nosotros. En algunos lugares pequeñas comunidades eclesiales que se han formado en diversos vecindarios hacen suyas las *posadas.* Reunidos dentro de los hogares de los fieles locales, los niños sostienen postes pintados que ahora representan las puertas de las *posadas.* Se pone más énfasis en la proclamación de la palabra, como es característico de tales comunidades radicadas en los vecindarios, lo que ayuda a subrayar el verdadero significado que las próximas fiestas tienen para las familias participantes.

En la Víspera de Navidad los ritos de entrada de la liturgia eucarística pueden convertirse en la última etapa de las *posadas.* El pueblo reunido en la iglesia canta los himnos tradicionales que celebran de nuevo el viaje de los peregrinos, abriendo gozosamente las puertas de su corazón para darles la bienvenida una vez más. El evangelio es también una invitación a ser peregrinos, viajando para oír y ver la palabra viva. Y al final, todos son conducidos a otra fiesta preparada: alimento y bebida que manifiestan el don encarnado de Dios compartido con todos esta Víspera de Navidad.

Relacionada con las *posadas* está la costumbre especial puertorriqueña llamada *las parrandas.* Esta tradición ritual comienza justamente antes de Navidad y concluye en la fiesta de los Tres Reyes. Su propia combinación de himnos, visitas hogareñas y comidas especiales permite también que diversas tradiciones familiares sean integradas a la celebración en curso de la temporada navideña, poniendo de relieve especialmente la fiesta de la Epifanía.[4]

Quince Años

La celebración del decimoquinto cumpleaños en la vida de una jovencita es un momento catequético potencialmente importante para su familia así como para los otros jóvenes que celebran con ella. A la inversa, sin embargo, quizás ninguna otra celebración hispana tiene el mismo potencial para provocar ásperas críticas por parte de sacerdotes y pueblo, por igual, como la de los *quince años.* El foco de tales críticas es a menudo el exceso en gastos de estos acontecimientos en las familias de limitados recursos, las que no obstante desean proporcionar una celebración memorable para la jovencita. A pesar de las dificultades potenciales de esta celebración, es cierto, sin embargo, que esta costumbre familiar proporciona una rica oportunidad para llamar la atención de los fieles y proclamar la buena nueva. Pocas obras reconocen este potencial tan bien como el clásico *La Quinceañera* de Angela Everia, el cual discute tanto la catequesis necesaria antes de la celebración como el ritual del día mismo.

Una celebración adecuada de los *quince años* presupone una reunión por anticipado de los jóvenes participantes. Esta reunión, que puede tomar la forma de un miniretiro, no es primordialmente para dar charlas sino que es tiempo para compartir. Esta es una oportunidad ideal para alentar a los jóvenes a hablar acerca de su vida, de su fe y de sus dudas. Es también una oportunidad para contar de nuevo las historias de cómo se originó esta costumbre, y para decir lo que puede significar hoy para nosotros. Una reunión semejante puede permitir a los jóvenes expresar sus opiniones acerca de la Iglesia y al mismo tiempo puede retarlos a vivir su fe de acuerdo con sus costumbres y con la llamada de la Iglesia. Esta responsabilidad vocacional puede estar simbolizada en la preparación de estos jóvenes participantes para ser lectores y cantores, ministros de la eucaristía y encargados de dar la bienvenida en la celebración que se prepara. En otra sesión los padres y quizás los *compadres* de la *quinceañera* pueden ser alentados y guiados para componer su propia oración de gratitud por su hija y su familia. Tal preparación puede, a corto plazo, permitirles testimoniar su fe en esta celebración, y, a la larga, profundizar su compromiso para celebrar la proclamación en curso del evangelio en medio de su familia. A través de toda esta preparación de los amigos y de la familia la jovencita misma necesita reflexionar sobre su compromiso cristiano en desarrollo con respecto a la familia y la comunidad en el momento en que da este importante paso hacia la adultez. Ella debe ser preparada, a través de la reflexión personal y el diálogo con su familia y con el equipo de pastoral, para hacer un ofrecimiento o una contribución a la comunidad. No se tiene la intención de que sea una contribución financiera sino una donación de sí misma para el mejoramiento de su familia, de su comunidad y de sí misma, tal como el compromiso de terminar sus estudios secundarios o comprometerse a la enseñanza del catecismo a los niños de la parroquia.

Como otros momentos sacramentales, el ritual mismo puede ser celebrado como un rito de paso: paso de niño a adulto, de la pasividad a la participación, de ser recipiente a ser dador. Con los padres y padrinos a su lado, rodeada por sus amigos, se le entrega la luz procedente del cirio pascual, renueva sus votos bautismales, claramente proclama su ofrecimiento y se signa con el agua bautismal. La *quinceañera* también recibe símbolos hispanos de fe de la comunidad—una medalla de la Virgen, un libro de oraciones, un rosario y un anillo de compromiso—y es ratificada como ejemplo de los jóvenes de la parroquia que están dispuestos a dar más de sí mismos por el bien de la familia y de la Iglesia.

Novenario

Es con un abrazo y las palabras "Te acompaño en tus sentimientos" que comienza el consuelo a la tribulación. La muerte es una experiencia que todos compartimos, y para la comunidad hispana es un tiempo en el que se reúnen las lágrimas, los *abrazos* y la oración. Es un momento que comparten todos en la familia y en la familia ampliada: tiempo para la comida y la bebida proporcionada en abundancia por vecinos y amigos. Todos aguardan su turno. A cada uno le llega el suyo.

Los ritos proporcionados por la Iglesia para el proceso de la aflicción son una oportunidad especial para incorporar nuestra herencia. Los ministros oficiales de la Iglesia junto con el *rezador* o la *rezadora* guían este proceso. El servicio velatorio, por ejemplo, podría ser estructurado en torno a la recitación del rosario que dirige el *rezador* o la *rezadora.* Hay oraciones particulares al final de cada decena y después del rosario se necesita ofrecer por el difunto una respuesta específica a las letanías marianas. La integración a este servicio de rosario de himnos apropiados y de un pasaje escriturístico breve, de la duración de una letanía, enriquece aún más esta oración tradicional con elementos claves de la liturgia oficial de la Iglesia. Unas intercesiones finales y la bendición del cuerpo con agua bendita dan fin al velatorio a la vez que ofrecen un vínculo ritual con la Misa de Funerales misma.

A través de todo el proceso ritual, es importante continuar expresando los diversos nombres de los vivos y los muertos que tienen un lugar especial en el corazón de la comunidad afligida. Esto incluye nombrar al difunto, a los parientes del difunto que han muerto, a los miembros vivos de la familia, y a todos los santos patronos, desde el pueblo donde comenzó esta vida hasta el de la iglesia y el del cementerio donde el viaje terrenal llega a su fin. Estos son los nombres que serán recordados por la familia, que continuará esta oración en los días y meses por venir. Un foco importante durante esta oración es el *altarcito,* o pequeño altar que las familias hispanas tradicionalmente sitúan aparte como lugar especial de bendición y de oración. El retrato del difunto es conservado aquí como reliquia y una vela, confiada a la familia por un representante de la parroquia, puede encenderse durante cada reunión de oración.

Durante nueve noches después del entierro, los parientes y amigos se reunirán en el hogar de la familia para el *novenario.* El contenido tradicional de esta novena familiar es una vez más el rosario y las letanías marianas, que son dirigidos por el *rezador* o la *rezadora.* Sin embargo, esta costumbre del rosario y las letanías puede combinarse simple y efectivamente con otra oración tradicional, esto es, con las Vísperas, que son las oraciones vespertinas de alabanza e intercesión de la Iglesia. Comenzando en el *altarcito* encendiendo la vela que fue prendida en la misa del funeral, el *novenario* podría continuar entonces con un himno hispano tradicional, como "Resucitó". El rezo del rosario podría proporcionar la estructura básica para el resto de las Vísperas, empleando las cinco decenas del rosario como los cinco salmos tradicionales de la oración vespertina. Cada conjunto de diez "Avemarías" podría concluirse con versículos seleccionados de los salmos. El cántico mariano que normalmente se canta en las Vísperas, esto es, el Magnificat, o el "O María, Madre mía", podría ir fácilmente a continuación. Una breve letanía de intercesión, una oración conclusiva y la señal de paz concluirían el servicio. Tal novena de Vísperas podría combinar con efectividad la oración oficial de la Iglesia con la oración tradicional hispana y poner ambas al servicio de los dolientes.[5]

Cada una de estas tradiciones hispanas, las *posadas,* los *quince años* y el *novenario,* son ejemplos ocasionales o de temporada del tipo de integración cultural y litúrgica que es necesario que ocurra no solamente en tales momentos especiales sino en las reuniones dominicales ordinarias de la comunidad. De algún modo, el culto dominical—como estos ejemplos específicos—existe en un mundo propio. Con sus reglas y ritmos propios, es una experiencia espontánea y constantemente cambiante. El culto hispano funciona en su horario propio, esto es, cuando la gente se ha congregado más bien que cuando el reloj ha dado la hora apropiada. Se mueve con la libertad de la danza y no siempre de acuerdo con el plan prescrito y el orden predeterminado. Tiene su propio espíritu que, cuando es respetado, brota con una envidiable vitalidad, pero puede ser sofocado o apagado por actitudes inflexibles. El culto hispano no es fortuito ni caótico, sino que está vivo y es sensible al momento. Nuestras adaptaciones deben ser similarmente receptivas.

DANDO FORMA AL CULTO HISPANO HOY

Dos Parábolas para el Culto Dominical

La Misa dominical en la Parroquia de Agua Bendita está programada para el mediodía y al dar la hora el sacerdote avanza por la nave con uno de los dos lectores y dos de los tres acólitos (el tercero está vistiéndose rápidamente y alcanzará a los demás en el altar). Milagrosamente, los ministros de la eucaristía entraron juntos hoy. El coro está cantando maravillosamente mientras las pocas personas que están aquí a tiempo están todavía buscando en sus libros la página correcta. Al llegar el sacerdote a su sede, comienza la Misa con el anuncio de que se pedirá a los niños pequeños que sigan a dos mujeres a la sacristía para un servicio propio para ellos. Los niños salen vacilando mientras los padres echan unas miradas llenas de sentimiento a la prole que parte. Algunos padres se niegan a enviar a sus hijos y los retienen consigo. "Por lo menos el nivel de ruido será ahora más tolerable", musita el que preside cuando la puerta de la sacristía se cierra finalmente. La Misa continúa con una bienvenida para todos los que se las han arreglado para llegar a tiempo.

En el otro lado del pueblo en la Parroquia de la Santa Ceniza, el coro continúa ensayando con la gente reunida después de que el reloj ha dado las doce. Se recuerdan melodías bien conocidas mientras se enseñan otras nuevas y un creciente número de personas van dirigiéndose a los bancos. Hay una gradual cordialidad en la bienvenida y la hospitalidad mientras el que preside y los ministros reúnen a los niños de diversas edades. Con la música y el canto ahora en pleno vigor, comienzan a caminar juntos por la nave, niños y adultos, cogidos de las manos. Todos finalmente se acomodan en el santuario, en sillas, en la gradas del altar o en un banco apropiado, mientras el que preside recuerda el "viejo modo" de hacer la señal de la cruz: "Por la señal de la santa cruz . . . " Todos se unen en el bien conocido ritual. "Liturgia de manos unidas", piensa el que preside. "Oremos".

Hablar español, cantar con una guitarra y arrojar un sarape sobre el altar no hace el culto hispano. O, dicho de otro modo, hay una diferencia entre una comida del Taco Bell y una comida mexicana cocinada en casa. Una es impersonal y superficial mientras la otra es familiar y amorosa. El culto hispano es oración del hogar hispano y hay tanto semejanzas como diferencias de una casa a otra, de una cocina a otra, y de una tradición a otra. El arroz con frijoles, por ejemplo, es esencial para casi todos los grupos hispanos. Sin embargo, el arroz con frijoles—a veces servidos separadamente, a veces servidos juntos—es sazonado de muchísimos modos diferentes por puertorriqueños, cubanos, mexicanos, guatemaltecos, peruanos y varias otras comunidades que constituyen la realidad hispana. Y es precisamente al entrar en la casa y oler el arroz con frijoles en su propia sazón particular que sabemos lo que es estar en casa.

De un modo similar, dar forma al culto hispano hoy significa estar consciente de los ingredientes generales y especificos que componen esta fiesta ritual. Sin embargo, no existe receta para un culto acertado. Mas bien hay ciertas intuiciones y perspectivas importantes, modeladas por su contacto con el Espíritu que esta presente, que pueden mezclar la persona, la palabra y el símbolo en una tradición viva de alabanza.

Debe ser evidente ya, que la cultura hispana tiene un profundo respeto por la tradición y que el culto hispano necesita hacer lo mismo. Sin embargo, como el proceso de inculturación supone una mezcla de tradiciones, es necesario respetar tanto las tradiciones litúrgicas de la Iglesia Católica Romana como las tradiciones culturales del pueblo hispano. Esto quiere decir que no se puede lograr una forma contemporánea de culto hispano en los Estados Unidos simplemente por medio de alguna fórmula preestablecida que mezcle partes iguales de liturgia romana y de rituales tradicionales, ni tampoco por la incorporación inexperta de toda costumbre local al culto de la comunidad. El proceso es mucho mas complejo que eso y requiere un estudio serio, una experimentacion amplia y una evaluación crítica. Para ayudar en este proceso en curso, ofrecemos los siguientes principios y advertencias. Es nuestra esperanza que puedan, de un modo preliminar, contribuir a la importante tarea de dar forma al culto hispano de hoy.

Sobre la complejidad de la cultura hispana: Principio y Advertencia 1.

Es importante para nosotros observar que aunque es política o lingüísticamente conveniente referirse a todas las personas de habla española como "hispanos", el hecho es que hay muchas maneras de hablar español, de bautizar a un bebé o de cantar un himno entre nuestra gente. Los hispanos son diversos. Pronunciamos nuestras palabras de modo diferente, reímos ante diferentes chistes, y disfrutamos de comidas diferentes. Sin embargo en esta diversidad hay una unidad mental fundamental, pues comprendemos la experiencia mutua de familia, de respeto por la tradición y de compromiso con los valores religiosos.

La religiosidad popular es una realidad que abarca innumerables rituales y una multitud de expresiones de fe que tienen casi tantos significados como intérpretes. En nuestro proceso de inculturación, es importante explorar el valor y los significados individuales que cada ritual tiene en una comunidad particular en este momento particular. Este es, indiscutiblemente, un proceso difícil al principio, que intenta descubrir los orígenes, la historia y el significado potencial de las costumbres tradicionales. Sin embargo, estos pasos son necesarios si nuestra adaptación va a ser creíble y apropiada. Además, en este proceso de cuestionamiento y búsqueda hallamos los papeles del maestro y del alumno confusos e incluso invertidos, y esta búsqueda común de la comprensión edifica la confianza y la caridad.

La advertencia en el reconocimiento de esta diversidad en la comunidad hispana es que esta riqueza en una variedad de tradiciones y perspectivas no debe ser una excusa para el aislamiento y la división entre nuestra gente ni una fuente de esa división y ese aislamiento. En nuestra lucha por respetar la singularidad de cada grupo nacional o regional de hispanos, no podemos permitirnos sacrificar la solidaridad en el altar de la individualidad. Qué ironía si nos permitiéramos ser un pueblo dividido a pesar de nuestras tradiciones y de nuestro idioma comunes. Es de esperar que una perspectiva verdaderamente católica suscite la unidad en nuestra diversidad y nos cambie de muchedumbre en comunidad.

Sobre la Centralidad de la Familia: Principio y Advertencia 2.

No es posible para nosotros poner demasiado énfasis en que el culto hispano debe implicar a toda la familia. La consecuencia de esta concepción es que todo tipo de miembro familiar necesita ser reconocido de un modo que anuncie marcadamente cuán valioso e importante es para la comunidad de fe. Esto requiere que exploremos toda posibilidad para la inclusividad en nuestros ministerios, esforzándonos al mismo tiempo por crear una atmósfera familiar para la oración.

Además de fomentar los roles de los diversos miembros de la familia en los ministerios existentes, también tenemos que apoyar aquellos ministerios que ya han surgido de la familia y del hogar. El *rezador* o *rezadora,* o sea el que conoce las formas tradicionales de la oración, necesita ser alentado a asumir el liderazgo tanto en los rituales familiares como en el culto oficial. El *padrino* o la *madrina* deben ser entendidos más que como sólo un patrocinador o benefactor. Son compañeros que si son adecuadamente escogidos y preparados pueden realmente guiar a su "hijo" por los caminos de la fe. Si pueden ser educados como "guías de la vida", que viajan con su ahijado a través de cada momento sacramental, pueden convertirse en auténticos y valiosos testimonios para toda la comunidad de fe. Tales nuevos ministerios, como los ministerios tradicionales centrados en lo litúrgico, en lo catequético y en el servicio, necesitan ser alentados, pero no como ampliaciones clericales sino como desarrollo natural de la vida familiar y de las necesidades de la comunidad. Sin embargo, un énfasis semejante sobre el ministerio de la familia no debe cegarnos ante el desafío del divorcio y de la separación que estamos confrontando. El creciente número de padres compuestos por un solo individuo tiene que ser aceptado por la familia ampliada e invitado a estos ministerios. Característicamente hospitalaria, la familia hispana misma debe aprender a ministrar al conservar cercanos a estos miembros.

Otra advertencia que emana de este enfoque sobre los ministerios familiares se refiere a la posible disminución o desestimación del papel vital de nuestros sacerdotes y diáconos. Sin embargo, la llamada a nuevos o evolucionados ministerios no implica el eclipse de las formas tradicionales del clero, sino la necesidad de nuevas formas de cooperación con ellos. Los ordenados son una parte importante de la familia de los ministros que conjuntamente son tenidos en gran estima.

Continuidad con el Bautismo: Principio y Advertencia 3.

Nuestros ritos bautismales encarnan una riqueza en teología y simbolismo que puede nutrirnos durante toda nuestra vida. El culto cristiano en general y el culto hispano en particular parecen brotar de los ritos del bautismo. El empleo continuo de vela, agua, vestiduras blancas y otros símbolos centrales durante las liturgias de la primera comunión, de la confirmación, de la *quinceañera,* del matrimonio y de los funerales demuestran cómo estos sencillos signos pueden acompañarnos en nuestro viaje de fe, y revelar nuevos significados a lo largo del camino. Estas cosas externas son, sin embargo, sólo signos del proceso más profundo de compromiso y conversión que confiamos que acompañe a los rituales. Nuestra atención tradicional a estos símbolos que aparecen repetidamente es, por tanto, una oportunidad para comprometer a la comunidad en el reto continuo del bautismo.

La advertencia, sin embargo, es que el bautismo en la comunidad hispana es en gran parte un acontecimiento centrado en el niño y hay pocos adultos entre nosotros que estén comprometidos en el proceso de la iniciación plena. Consecuentemente, para muchos las imágenes bautismales tienen poco reto y permanecen como una evocación inofensiva y algo nostálgica de un ritual de la infancia. Por tanto necesitamos explorar más vigorosamente las posibilidades que tiene para nosotros el Rito de la Iniciación Cristiana de Adultos (RICA). He aquí un proceso de conversión, recalcado por ritos, que nos desafía a una continuidad no sólo de símbolos sino aún más de compromiso y de servicio. El RICA es un modelo importante para transformar rituales inconexos e individuales en una norma de vida expresada en rituales tales que nos atraigan más profundamente al misterio. Desde este punto de vista, los rituales postbautismales de la adolescencia necesitan ser momentos evangélicos importantes en los que el Evangelio es cada vez escuchado más claramente y aceptado de más buena gana.

El uso de artefactos religiosos: Principio y Advertencia 4.

Además de los símbolos del bautismo examinados previamente, los pueblos hispanos emplean frecuentemente muchos otros artefactos religiosos en su hogar y en el culto comunitario. La continua presencia de rosarios y libros de oraciones, de medallas y crucifijos, son expresiones tangibles de esa característica del culto hispano que llamamos "materializada". Tales "sacramentales" son muy importantes en nuestra tradición y se convierten en el *recuerdo* que literalmente permite que el acontecimiento de la oración se retenga en las manos de uno. El empleo de tales símbolos religiosos debe ser respetado e integrado en esa realidad más amplia que llamamos liturgia. En la medida que tal integración pueda ocurrir, en esa misma medida habremos informado nuestro culto público por nuestras prácticas culturales y habremos permitido que las costumbres de la religiosidad popular den forma a la oración oficial de la Iglesia.

La advertencia, por supuesto, es que los artefactos religiosos pueden convertirse fácilmente en el foco de nuestros rituales en lugar de las personas que los realizan. En el pasado hemos sucumbido ante los atractivos de la superstición que coloca el poder en los objetos y no en las manos de Dios. Sin embargo, debemos impedir tanto como sea posible la difusión de tales nociones mágicas. Somos una Iglesia sacramental y consecuentemente valoramos los artefactos religiosos como dones de encarnación, que nos permiten encontrar a Dios a través de la creación. Es importante, sin embargo, recordar que las cosas no son más importantes que las personas y que la creación no es un fin en sí misma.

El Lugar de la Música: Principio y Advertencia 5.

La música conmueve el corazón de una forma en que ninguna otra cosa puede hacerlo. Tiene verdaderamente un poder y una magia enteramente propios. La música es indiscutiblemente importante en el culto hispano y valoramos los ritmos atractivos y los textos inspiradores que estimulan nuestra oración. Felizmente poseemos un núcleo de himnos tradicionales que son litúrgicamente apropiados durante diversas temporadas y en fiestas particulares. Cantos populares, como "Bendito, Bendito" y "De Colores" continúan ocupando un lugar especial en nuestros corazones y necesitan ser integrados a nuestro culto. Se están logrando también progresos importantes en el desarrollo de nueva música litúrgica hispana en los Estados Unidos, con canciones tales como "Danza del Ofertorio" de Rosas, "Dios te Salve María" de Sosa y "Profetiza Pueblo Hispano" de Zárate. Esta nueva música, junto con composiciones contemporáneas de otros países como "Pescador de Hombres" de Gabaraín y nuestros cantos e himnos tradicionales, nos ofrece un cuerpo de recursos que casi podría considerarse como repertorio nacional de música litúrgica hispana. Tal repertorio es un componente importante para una sana liturgia hispana.

Sin embargo, el desarrollo de un repetorio semejante requiere tiempo. Mientras tanto, aprendemos de nuestros errores. Debemos ser cautos al determinar que la música para nuestro culto es apropiada musical, litúrgica y pastoralmente. Estos criterios, explicados en el documento episcopal *La Música en el Culto Católico,* pueden guiar a los compositores contemporáneos para escribir melodías que sean tan identificables culturalmente como sanas litúrgicamente. Afortunadamente la tendencia a emplear melodías tales como "Michael Row Your Boat Ashore" con un texto religioso en español está desapareciendo rápidamente a medida que surgen composiciones más valiosas.

CONCLUSION

Meditaciones a la sombra de la palmera

Poco antes de que la luz se tornara en obscuridad, los tres amigos se encontraron mirándose instintivamente entre sí. Todos ellos, modelados recientemente por la misma mano creadora y respirando el mismo Espíritu dador de vida, ponderaban un pensamiento similar. "Somos tan semejantes mientras esperamos la puesta del sol: soñando, preguntando, esperando. Hay por delante de nosotros interminables posibilidades. ¿No podemos ayudarnos mutuamente a moldear un nuevo mundo? Vale la pena tratar". Y el Señor Dios, consciente de lo que estaban pensando, los miró con amor y dijo: "¡Esto es bueno!"

Estas palabras continúan sonando para todo el pueblo de Dios. Son las palabras que se hicieron carne en Jesús, uno como nosotros en todo menos en el pecado. Como miembro de una familia humana y de una comunidad étnica, fue modelado y formado por su cultura. Fue a partir de esta perspectiva que vio el mundo, tomó decisiones y ofreció sus oraciones. Sus palabras se convirtieron en la verdad evangélica, aplastando las falsas ilusiones de supremacía nacional y fomentando inexplorados vínculos de compasión y caridad humanos.

El Evangelio de Jesucristo no canoniza sino que afirma y transforma todas las esperanzas y sueños culturales en auténticas expresiones de amor a Dios y al prójimo. Lo que más compartimos es nuestra humanidad: una humanidad moldeada a imagen de Dios. Nosotros, como hispanos, podemos volvernos hacia nuestros hermanos y hermanas que nos rodean y valorarlos como nuestros compañeros de confianza. Podemos estar agradecidos por la invitación a sentarnos debajo de la palmera, que es más que una invitación al descanso. Es, más aún, una oportunidad para maravillarnos ante la creación y la oportunidad para observar la puesta del sol desde una perspectiva enteramente nueva.

Todos estamos moldeados por la misma mano creadora y respiramos el mismo Espíritu dador de vida. A través de nuestra exploración de las tradiciones religiosas y étnicas individuales podemos descubrir una motivación similar y unificadora: ser uno con nuestro Dios. Al compartir nuestras jornadas religiosas realzamos nuestras vidas mutuamente. En el aprecio de la fe de los demás afirmamos el plan de la creación. Dios sólo puede decir una y otra vez: "Esto es bueno".

Notas

[1]El uso aquí del lenguaje exclusivo es un reflejo de la tradición del relato y no perspectiva del autor.

[2]Anscar Chupungco, *Cultural Adaptation of the Liturgy* (Nueva York: Paulist Press, 1982) 3.

[3]Para una detallada presentación de la labor de estos y ortros reformadores, ver Robert Ricard, *The Spiritual Conquest of Mexico* (Los Angeles: University of California Press, 1966 (1933); también Laurette Sejourne, *América Latina I: Antiguas Culturas Precolombinas* (Madrid: Siglo XXI de España Editores, S.A., 1971); y Richard Konetzke, *América Latina II: La época colonial* (Madrid: Siglo XXI de España Editores, S.A., 1972).

[4]Para más ejemplos de costumbres tradicionales de Navidad, ver "Latin American Customs of Advent and Christmas," *Liturgy 80* (Noviembre/Diciembre 1987) 7.

[5]Para un tratamiento más completo de este ritual, ver *Novenario por los Difuntos* (Chicago: Liturgy Training Publications, 1987), que preparamos para su publicación.

BIBLIOGRAFIA SELECTA COMENTADA

Actualidad Litúrgica. Buena Prensa, Apartado M-2181, 06000 México, D.F.

Esta es una publicación litúrgica bimensual que contiene artículos de todo el mundo, así como comentarios exegéticos sobre las lecturas dominicales, homilías sugeridas, y modelos de intercesiones. Es un recurso valioso y actualizado.

Chupungco, Anscar. *Cultural Adaptation of the Liturgy.* Nueva York: Paulist Press, 1982.

Una obra elemental para la iniciación en lo básico de la adaptación litúrgica. Sitúa este tópico dentro del contexto de la Constitución sobre la Sagrada Liturgia y del desarrollo histórico de la Liturgia Romana.

Elizondo, Virgilio. *Christianity and Culture.* San Antonio: Mexican American Cultural Center, 1975.

Esta obra clásica, en su tercera edición, es uno de los primeros intentos por dirigirse teológicamente a la experiencia mexicoamericana por parte de un méxico-americano.

Elizondo Virgilio. *Galilean Journey.* Nueva York: Orbis Books, 1983.

El autor continúa dirigiéndose a la experiencia méxico-americana, ahora desde la experiencia galilea de Jesús.

Eagleson, John and Scharper, Philip, eds. *Puebla and Beyond.* Maryknoll: Orbis Books, 1979.

Este es un compendio de comentarios llenos de perspicacia sobre la conferencia de Puebla del Episcopado Latinoamericano, celebrada en México (1979), de diversos autores. El texto incluye los discursos más importantes de Juan Pablo II en Puebla, así como el documento final de Puebla en traducción oficial.

Erevia, Angela. *Quinceañera.* San Antonio: Mexican American Cultural Center, 1980.

Este folleto bilingüe eminentemente práctico bosqueja la historia de la *quinceañera* y proporciona además un servicio penitencial, instrucción catequética, dos rituales y una homilía relacionada con este acontecimiento.

Galilea, Segundo. *Religiosidad Popular y Pastoral Hispano-Americana.*

La religiosidad popular es parte de la realidad espiritual pastoral para los hispanos en los Estados Unidos. De un modo conciso pero detallado, este folleto ofrece una clara comprensión de este tema.

Kirk, Martha Ann. *Dancing with Creation.* Saratoga, California: Resource Publications, Inc., 1983.

Martha Ann Kirk ha proporcionado una penetrante reflexión sobre la oración encarnada, que ella considera es una disciplina espiritual que enriquece la vida espiritual.

Konetzke, Richard. *América Latina II: La época colonial.* Madrid: Siglo XXI de España Editores, S.A., 1972.

Un libro bien escrito sobre la colonización de las Américas por los españoles y portugueses, esta obra analiza la conquista de las Américas a la luz de los acontecimientos en curso en Europa.

Kraft, Charles. *Christianity in Culture.* Nueva York: Orbis Books, 1984.

Esta obra substancial está escrita para misioneros de carrera por un misionero convertido en profesor. Combinando un enfoque bíblico con reflexiones sobre su propia experiencia, el autor demuestra cómo uno puede ver el mundo desde una perspectiva de cruce de culturas.

Maldonado, Luis. *Génesis del Catolicismo Popular.* Madrid: Ediciones Cristiandad, 1979.

Concentrándose sobre un solo período de la historia, Maldonado explora la génesis del catolicismo popular en la Edad Media.

Maldonado, Luis. *Religiosidad Popular.* Madrid: Ediciones Cristiandad, 1975.

Empleando una perspectiva antropológica, este libro describe los tiempos festivos españoles de acuerdo con las diversas temporadas del año, ofrece claves interpretativas para comprender estos acontecimientos y demuestra cómo la religiosidad popular puede estar unida con la liturgia.

National Pastoral Plan for Hispanic Ministry. United States Catholic Conference of Bishops, 1987.

Este importante documento, aprobado por los obispos norteamericanos, bosqueja sus inquietudes y esperanzas para el ministerio hispano en los Estados Unidos hoy.

Pablo VI. *On Evangelization in the Modern World.*

Publicada el 8 de diciembre de 1975, esta exhortación apostólica se enfoca no sólo sobre la naturaleza y la necesidad de la evangelización, sino también sobre el contenido y los métodos de la evangelización, lo que la convierte en uno de los más importantes documentos oficiales de su tipo para la Iglesia contemporánea.

Phase. Centro de Pastoral Litúrgica. Canuda 45-47, Barcelona 2, España.

Esta es una publicación erudita bimensual de pastoral litúrgica procedente de España. Sus diversos escritores ofrecen artículos profundos sobre un tema o tópico litúrgico específico en cada edición.

Ramírez, Ricardo. *Fiesta, Worship and Family.* San Antonio: Mexican American Cultural Center, 1981.

Este folleto es una colección de artículos sobre el papel y la contribución de los hispanos a los Estados Unidos y a la Iglesia Católica.

Ricard, Robert. *The Spiritual Conquest of Mexico.* Los Angeles: University of California Press, 1966 (1933).

Esta traducción de la obra original francesa, proporciona un estudio del apostolado y los métodos de evangelización de las órdenes mendicantes en la Nueva España en el siglo XVI.

Sejourne, Laurette. *América Latina I: Antiguas Culturas Precolombinas.* Madrid: Siglo XXI de España Editores, S.A., 1971.

Esta obra erudita explora la antigua cultura precolombina en la América Latina.

Steware, C. Edward. *American Cultural Patterns.* Chicago: Intercultural Press, Inc., 1972.

El objetivo de este libro es proporcionar una perspectiva sobre patrones de cruces culturales para los que trabajan fuera de los Estados Unidos. Pone de relieve las diferencias en los patrones de pensamiento, en las suposiciones y en los valores sustentados por el pueblo de los Estados Unidos y por el pueblo de otros países con quienes éste trabaja.